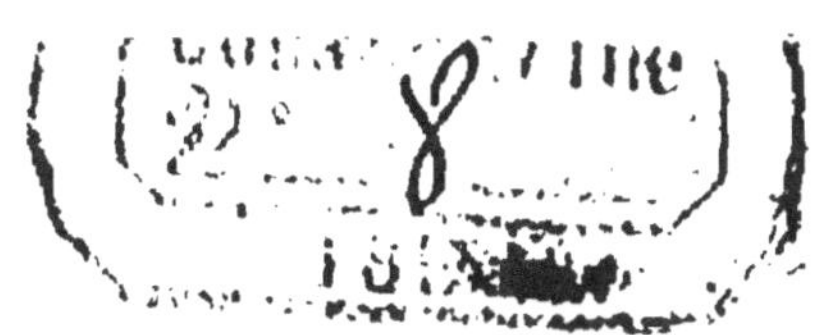

CONSEIL MUNICIPAL

DE

CONSTANTINE

Séance du 9 Avril 1896

L'Affaire du Coudiat

LETTRE DU PREFET

AU

MAIRE DE CONSTANTINE

Lettre du Préfet au Maire de Constantine

Constantine, le 3 avril 1896.

Le Préfet du Départem. t de Constantine
à Monsieur le Maire,

Constantine.

Monsieur le Maire,

Par délibération du 6 juillet 1895, le Conseil Municipal de Constantine a voté, en principe, la substitution do la *Société civile du Coudiat-Aty* à l'ancienne société Rémès-Labattut et Cie dans les termes et conditions prévus aux actes sous seings privés en date des 18 mai, 17 août et 17 novembre 1895, approuvés par la préfecture le 24 octobre 1896.

Le 27 février dernier, sous le n° 572, vous m'avez transmis le dossier de cette affaire établi selon les instructions de M. le Ministre de l'Intérieur en date du 10 octobre dernier, dont mon prédécesseur vous a donné connaissance le 13 novembre suivant, sous le numéro 11424.

J'ai étudié cette importante question avec tout le soin qu'elle comporte et j'ai été amené à constater que le dossier établi tant par vos soins que par ceux de la société contient des imperfections qui ne me permettent pas de le transmettre à M. le Gouverneur Général.

Après le rejet du contrat Ferrand et la réalisation d'un emprunt de 5,500,000 fr. pour l'exécution de plusieurs travaux d'utilité communale, le Conseil Municipal paraissait avoir abandonné le projet de dérasement du Coudiat-Aty. Il n'en est rien, et cette affaire se présente aujourd'hui sous de nouvelles faces. La Ville de Constantine a adopté un nouveau projet dont le traité Rémès forme le fonds, mais qui est modifié par plusieurs dispositions nouvelles qui méritent d'être passées en revue.

I. — Au lieu de déraser le Coudiat au niveau des rues Petit, Rohault-de-Fleury, Saint-Antoine et Villevaleix qui en marquent le périmètre, la Société civile crée une plate-forme supérieure qui se trouvera à 19 m. au-dessus de la rue Petit dans l'axe de la rue Vallée, à 16 m. 50 au-dessus de la chaussée à la rencontre des rues Villevaleix et Saint-Antoine, et au niveau de la place de la pyramide Damrémont. Une rampe ayant son origine à la rue Petit et présentant un développement d'environ 440 m. permettra l'accès de la plate-forme aux voitures ; un escalier, avec ascenseur, donnera aux piétons les moyens d'accéder plus rapidement.

II. — Les déblais transportés au nord des squares formeront deux plates-formes de niveaux différents avec talus inclinés à 30 c. Le mur prévu au projet Rémès le long de la rou- et de Philippeville, sera supprimé en partie.

III. — La plate-forme à créer en contrebas du square Valée et au niveau de la porte Djebia présentera la forme d'un trapèze dont les dimensions approximatives sont les suivantes:

Longueur de la petite base...... 120 m.
—   grande base..... 420 m.
Hauteur............................. 135 m.

IV. — La halle aux grains sera déplacée et reconstruite sur la plate forme Nord et la Société conservera la possession de l'emplacement actuel de cet établissement.

V. — La construction sur plate forme Sud d'un village arabe dont la superficie sera d'environ 20,000 m. q.

Tous ces travaux seront exécutés à forfait par la Société, moyennant une indemnité de 875,000 francs payable en sept termes de différente importance.

La ville restera propriétaire des terrains de la voirie du Coudiat ainsi que ceux des rues et places que la Société créera sur les plates-formes.

Pour tenir ses engagements, la ville de Constantine propose de provoquer une loi autorisant les désaffectations d'une somme de 875,000 francs à prélever sur les crédits ci-après de l'emprunt de 5,500,000 fr.

1· Solde disponible sur les
égoûts................................. 115,000 fr.
2· Conduite d'eau de Fesguia   220,000 fr.
3· Rabais sur les entreprises
en cours................................ 351,632 fr.
Somme prévue pour les ex-
propriations. .... 350,000 fr.
                                    ─────────────
Total............... 1,041,632 fr.

Ainsi, le Conseil municipal abandonne la mise à exécution des travaux de grosses réparations à la conduite d'eau de Fesguia, sous prétexte qu'ils ne présentent pas un caractère d'urgence bien démontré, attendu que la conduite actuelle donne en moyenne un débit de 120 litres d'eau par jour et par habitant.

A ce point de vue, vous me permettrez de ne pas partager la manière de voir du Conseil Municipal. J'estime au contraire que la conduite d'eau de Fesguia est loin de subvenir aux besoins de la population, puisque en pleine saison d'hiver les prises d'eau particulières sont fermées toute la nuit.

L'utilité de ce travail est d'autant plus incontestable que lorsque le nouveau quartier du Coudiat sera installé, il y aura de nouvelles prises à alimenter.

Le Conseil Municipal doit donc renoncer à demander la désaffectation de la somme de 225,900 fr.

En outre, dans l'exposé de son rapport, M. l'adjoint Lahiteau déclare lui-même que la moitié seulement des rabais consentis sur les travaux à exécuter au moyen des fonds de l'emprunt de 5,500,000 fr. sera réellement disponible et, cependant, dans son calcul, il les fait entrer en totalité en ligne de compte.

Or, je crois qu'il est même imprudent d'escompter la disponibilité des rabais consentis sur les entreprises en cours.

En effet, en ce qui concerne l'hôtel de ville, vous n'ignorez pas que la marbrerie, la sculpture, le belvédère, le paratonnere, l'horloge, la canalisation et les appareils à gaz, les sonneries électriques, enfin le mobilier des bureaux n'ont pas été prévus dans le détail estimatif. Ils absorberont certainement la totalité du rabais de 16 0[0 consenti par l'entrepreneur et la ville de Constantine ne peut et ne doit pas compter sur cette ressource pour tenir ses engagements envers la « Société ci-vile du Coudiat-Aty. »

La commune ne peut demander que la dé-saffectation des sommes ci-après sur les fonds de son emprunt de 5.500.000 francs :

1· Solde disponible sur les égouts   115.000

2· Rabais consentis sur les entre-prises en cours (au maximum),......   150.000

3· Somme prévue pour les expro-priations 350.000

Total..   615.000

Il faut, en outre, remarquer que le nouveau contrat laisse à la Commune le soin de mettre à l'état de viabilité les rues et places des nouveaux quartiers. C'est là une dépense dont il importe de connaître l'importance afin de bien se rendre compte des charges de la ville.

Il est également indispensable de connaître le montant des travaux qui seront exécutés par les concessionnaires dans l'intérêt général. A cet effet, les dossiers présentés par la Société devront être complétés par la production d'un détail estimatif des travaux projetés.

En outre, afin de permettre à l'Administration de se rendre compte si les sacrifices de la Ville sont proportionnés aux charges des concessionnaires, vous voudrez bien compléter le dossier que vous m'avez transmis et que je vous renvoie ci-joint par la production d'un document donnant très exactement les renseignement suivants :

I. — Superficie totale : 1· de la plate-forme du Coudiat-Aty après le décapement ; 2· des plates-formes nord et sud ; 3· de l'emplacement actuel de la halle aux grains.

II. — Superficie coupée par les voies de communication: 1· sur la plate-forme du Coudiat et sur l'emplacement de la halle ; 2· sur les plates-formes nord et sud.

Ces divers renseignements sont destinés à permettre à l'Administration de se rendre compte si les avantages que la ville retirera de l'exécution du projet sont proportionnés à ses sacrifices.

Lors de la présentation des projets Ferrand, M. le Conseiller du Gouvernement Müller a présenté une objection qui conserve aujour-d'ui toute sa valeur. Ce haut fonctionnaire a fait ressortir une aggravation de charges dont la municipalité a négligé de tenir compte, mais qui mérite cependant d'attirer son attention.

Si une ville se crée au Coudiat Aty, il y aura des rues à entretenir, à balayer, à arro-ser, à éclairer, il y aura des marchés, des fontaines et une foule d'autres petits travaux à exécuter pour répondre aux besoins de la population à venir. Tout cela représente des dépenses qui sont certainement supérieures à **100.000 francs.**

La commune ne pourra pas objecter que si ce nouveau quartier lui impose des charges assez lourdes, il lui apportera, par contre, des revenus qui établiront une compensation Cette supposition ne serait exacte que si, à l'ouverture de la nouvelle ville, correspondait l'afflux d'une population nouvelle : mais, comme M. Müller l'a fait remarquer et vous avez été obligé de le reconnaître vous-même, rien ne permet d'espérer cette augmentation de population. La ville de Constantine n'a pas d'industrie, elle n'est pas le centre d'une vigoureuse colonisation européenne ; sa principale, on pourrait dire son unique ressource c'est le commerce d'achat de produits indigènes et d'approvisionnement des populations avoisinantes. Mais ce commerce, le fait est indiscutable, va en déclinant, les produits de la halle aux grains qui vont sans cesse en diminuant en sont la preuve irréfutable.

La création d'une nouvelle ville aura pour seul effet de vider un peu plus l'ancienne, mais en imposant à la commune l'entretien des deux.

Ces considérations sont d'un ordre tout à fait général et je tiens à vous déclarer que je suis entièrement disposé à appuyer auprès des pouvoirs publics, le projet du Conseil municipal lorsque le dossier que vous m'avez transmis aura été complété d'après les indications que j'ai données plus haut et d'après celles que je vais énumérer et qui ont trait particulièrement à la convention intervenue entre la ville et la société civile du Coudiat-Aty.

L'article 3 de cette convention est ainsi conçu dans son dernier paragraphe : ,

« ...... 6· Le déplacement de la halle aux
« grains sur les terrains expropriés du rem-
« blai nord conformément aux plans d'ensem-
« ble et de détails ci-joints. Tous les dessins
« d'exécution des travaux ci-dessus seront
« soumis au fur et à mesure à la Commission
« des travaux communaux. »

Ce paragraphe ne saurait subsister, il est certain que la Commission des travaux communaux sera appelée à examiner les projets de tous les travaux à exécuter avant de soumettre des propositions au Parlement.

L'article 7 stipule que « la ville de Constantine s'oblige vis-à-vis de la Société civile du Coudiat Aty à céder gratuitement les terrains du domaine et du génie qui pourraient lui être concédés et qui se trouvent dans le périmètre des terrains expropriés compris dans l'arrêté du Gouverneur Général de l'Algérie, en date du 21 septembre 1887. »

Ce passage doit être modifié de façon à spécifier clairement qu'il s'agit des terrains *situés dans le périmètre des travaux projetés.* Pourquoi, en effet, reconnaître aux concessionnaires la propriété de terrains qui pouvaient être utiles lorsqu'il s'agissait d'opérer le dérasement complet du Coudiat, mais qui peuvent ne pas être nécessaires pour le simple décapement.

L'article 8 attribue à la société la propriété de tous les matériaux existant sur le Coudiat. Cet article doit être complété par l'addition d'une clause n'autorisant la Société à utiliser ces matériaux pour les travaux d'utilité générale à exécuter par elle que s'ils sont reconnus de bonne qualité par le service de la voirie.

Cette restriction s'impose d'autant plus que vous avez reconnu la nécessité d'y soumettre vos entrepreneurs.

L'article 9 traite de la distribution des rues et places sur l'emplacement du Coudiat.

À ce sujet, je vous ferai remarquer que l'arrêté préfectoral du 18 mai 1887 qui a homologué les plans d'alignement et de nivellement des nouveaux quartiers d'après le projet Rémès ne saurait s'appliquer aux voies de communication prévues au nouveau projet.

Il est indispensable que vous fassiez homologuer les nouveaux plans d'alignement avant de transmettre le dossier de l'affaire à M. le Gouverneur Général.

L'article 15 énumère les garanties offertes à la ville en cas de non exécution des engagements pris par les concessionnaires. Il est dit, notamment, que « dans le cas où la Société « viendrait à abandonner les travaux, sauf en « cas de *force majeure*, le présent contrat se- « ra résilié de plein droit : les terrains qui lui « auront été concédés et ceux provenant des « expropriations appartiendront à la ville ain- « si que tous les travaux exécutés et toutes « les installations existantes...... »

Les mots « sauf en cas de force majeure » peuvent une source de difficultés ; ils doivent être supprimés ou tout au moins être remplacés par l'énumération des cas dans lesquels la résiliation pourra être prononcée régulièrement, et des conditions suivant lesquelles elle se fera.

D'après le deuxième paragraphe du même article « la ville (en cas d'abandon des travaux) aurait à tenir compte à la Société des travaux utiles et expropriations faites par celles-ci à raison de 2/5 de leur valeur, déduction faite des subventions qui auraient pu lui être versées.

« La valeur de ces travaux sera établie en comptant les déblais de toute nature à 1 fr. 25 le mètre cube et les maçonneries également de toute nature à raison de 15 francs le mètre cube. »

Cette garantie pour la commune est insuffisante, il y a lieu d'adopter en cette circonstance les errements habituellement suivis dans toutes les entreprises de travaux publics, c'est-à-dire de demander aux concessionnaires le versement d'un cautionnement en numéraire égal au trentième environ du montant de leur entreprise.

L'évaluation des travaux demandés précédemment sera une indication pour la fixation de ce cautionnement.

L'article 16 fixe les délais dans lesquels devront être déterminés les travaux, mais il ne détermine aucune clause pénale dans le cas où ces délais ne seraient pas observés. Il y a lieu de compléter ledit article dans ce sens.

L'art. 20 dit : « Les présentes et tous actes et engagements y relatifs seront enregistrés au droit fixe. »

Le même article avait été inséré sous le n° 34 dans les conventions passées avec M. Ferrand et je vous rappelle la critique qu'a formulée à ce sujet M. le Conseiller de Gouvernemeet Muller :

« C'est là une formule que l'on trouve fréquemment dans les marchés passés par l'Etat ou sanctionnés par une loi. Les auteurs de la convention projetée espèrent se faire concéder la même faveur. Je n'y vois, pour ma part, aucun inconvénient ; mais encore faudrait-il pour cela que la Convention fut explicitement visée et en quelque sorte approuvée par la loi qui autorisera l'emprunt. Or, si cette convention est ainsi approuvée l'Etat en devient responsable dans une certaine mesure, ce qu'il ne veut probablement pas, et si elle n'est pas ainsi approuvée, l'art. 34 n'a plus aucune valeur au regard du fisc, alors procès entre l'entrepreneur et la ville pour le paiement de droits qui s'élèveront peut-être à plus de cent mille francs. »

Les droits qui s'appliqueront à la convention passée avec les nouveaux concessionnaires seront certes inférieures à 100.000 francs, mais les observations si justes de M. Muller n'en subsistent pas moins et il n'est pas besoin d'insister sur les difficultés auxquelles pourraient donner lieu dans l'avenir de semblables dispositions.

Nous avons vu les clauses pénales qui seraient appliqués aux entrepreneurs en cas de non exécution de leurs engagements, mais rien dans la convention n'indique la situation qui serait faite à la commune si elle ne tenait que les siens, c'est-à-dire dans le cas où les Pouvoirs publics viendraient à rejeter les projets qui lui seront soumis.

Or, depuis huit mois environ, les travaux sont en cours d'exécution et de l'aveu même de son directeur à Constantine, la société se trouverait à ce jour à découvert de plus de 900 000 francs. Afin d'éviter pour l'avenir tout procès dont les conséquences pourraient être des plus funestes pour la ville, il convient de stipuler clairement les droits auxquels la société pourra prétendre.

A ce sujet je crois devoir vous faire remarquer que vous auriez agi plus prudemment en n'autorisant pas l'exécution des travaux avant les autorisations réglementaires.

A un autre point de vue, je vous signale un article qu'il est indispensable d'ajouter à la convention. D'après le décret de concession de 1864, la ville est tenue de retrocéder éventuellemen l'Éta certaines parties du Cou-

diat nécessaires à la grande voirie, elle doit également céder au département une surface de 5,000 mètres dans des conditions déterminées ; enfin, elle-même aura sans doute à faire dans le nouveau quartier autre chose que des rues et pour cela il lui faudra des terrains. Ces prélèvements doivent être prévus et les prix comme l'importance doivent en être déterminés à l'avance sans quoi la commune se trouverait plus tard à la merci des concessionnaires.

Conformément aux instructions de M. le Ministre de l'Intérieur, en date du 10 octobre 1895, la Société du Coudiat-Aty a apporté le désistement complet des précédents concessionnaires, mais vous avez omis d'annexer au dossier les cinq pièces qui forment ce désistement. Je vous prie de vouloir bien les joindre à votre nouvel envoi.

Il manque également au dossier l'acte du 19 novembre 1894 demandé par M. le Ministre de l'Intérieur.

Ce haut fonctionnaire avait prescrit, en outre, de stipuler dans la convention que la Société du Coudiat-Aty ne pourra céder la concession qu'avec l'agrément de la ville et dans des cas *limitativement énumérés*.

Il convient, en effet, disait M. le Ministre, que cette concession, qui a passé déjà entre plusieurs mains, puisse être considérée moins comme une entreprise sérieuse de travaux publics que comme une matière de spéculation.

Il n'a pas été tenu compte de ces instructions ; c'est une lacune que je vous prie de vouloir bien combler.

En outre, en présence de la réserve de tous ses droits que vient de faire M. Ferrand, il y a lieu d'exiger des nouveaux concessionnaires le désistement complet de cet entrepreneur.

Les projets primitifs ont été soumis aux enquêtes règlementaires, mais les modifications apportées au nouveau traité sont trop importantes pour qu'on considére la première enquête comme suffisante.

J'estime, en conséquence, qu'il y a lieu, en exécution de l'ordonnance du 23 août 1835, de soumettre le nouveau projet à une enquête de quinze jours qui portera sur l'ensemble de futurs travaux.

Le déplacement de la halle a bien été soumis une première fois à une enquête, mais comme le nouvel emplacement de cet immeuble n'est pas le même que celui qui avait été primitivement choisi, il y a lieu de comprendre ce déplacement dans la future enquête.

Je vous prie, Monsieur le Maire, de vouloir bien me faire connaître d'*urgence* si vous avez des objections à présenter à l'encontre de cette manière de voir, afin de me permettre de prendre sans aucun retard l'arrêté prescrivant cette enquête et désignant le Commissaire enquêteur chargé de recevoir les observations des intéressés.

Le Préfet,

HUMBERT.

DISCOURS

DE

M. le Maire

moins l'horizon semble vouloir s'assombrir et se charger encore une fois.

Le projet que nous avions soumis à la haute approbation de M. le Préfet nous revient avec tout un cortège d'observations et de critiques qui, bien que certainement inspirées par l'unique souci de nos intérêts, sont de nature à tout remettre en question et à placer de nouveau la ville de Constantine dans une situation anormale et pleine de dangers.

A vrai dire, ce qui nous arrive ne nous surprend qu'à moitié.

Une pareille affaire surgissant tout à coup était embarrassante pour notre nouveau Préfet. Il a dû forcément se trouver troublé dès le début en présence de tout ce qu'il voyait et entendait autour de lui, et, il faut bien reconnaître qu'il lui était difficile de laisser passer, sans prêter l'oreille, ce bruyant concert de clameurs, de colères qui soudain s'est élevé du sein de certains organes de notre presse locale au sujet d'une œuvre dont le défaut le plus grand était d'être essentiellement le nôtre.

On en a appelé à son droit de tutelle : il vient d'en user dans la plénitude de sa conscience. — Nous n'avons pas à récriminer. Tout au plus pourrions-nous regretter que M. le Préfet, avant, de formuler ses critiques en la forme officielle, n'ait pas songé à en conférer avec la mu-

Discours de M. le Maire

Messieurs,

La ville de Constantine semble avoir pris à tâche de rééditer pour son compte la vieille histoire de Pénélope.

Si ce n'était énormément grave, ce qui ce passe à propos du Coudiat finirait presque par devenir amusant.

Depuis plus de dix ans, embourbée dans une entreprise singulière, dont on ne trouverait certes pas un autre exemple en France, notre Ville s'ingénie à sortir d'embarras.

Divers moyens ont été successivement proposés : ils ont tous piteusement échoué; lorsqu'enfin, au moment où la partie paraissait irrémédiablement perdue, une combinaison inespérée se présente qui est de nature à sauvegarder une situation plus que compromise, et à clore définitivement, pour le plus grand bien de tous, l'ère des difficultés.

Grâce à cette combinaison nouvelle, nous pensions être enfin parvenus à dissiper les orages. Déjà nous nous surprenions à nous réjouir et voilà qu'au moment ou nous nous y attendions le *nicipalité intéressée. Peut-être aurions-nous pu lui donner des arguments de nature à modifier ses premières impressions. Mais n'oublions pas que nous sommes des mineurs et que, lorsqu'il s'agit de conseils, les mineurs sont faits pour les recevoir et non pour les donner.*

Contentons-nous donc de répondre de notre mieux aux critiques contenues dans la lettre Préfectorale — mais, avant, je voudrais qu'il me fut permis de faire avec vous un léger retour vers le passé.

Rassurez-vous. Je ne serai pas long.

Mon intention n'est-pas, en effet, de retracer une fois de plus devant l'assemblée communale l'historique complet du *Coudiat.*

Ce serait aussi fastidieux pour vous que pour moi et, de plus, aujourd'hui ce serait absolument inutile.

Je veux seulement rafraichir vos souvenirs et vous montrer la situation dans laquelle se trouvait la ville au mois de mars 1895, époque à laquelle messieurs Vial et Cie, derniers acteurs de la pièce en plusieurs actes qui se joue depuis plus de dix ans sur le Coudiat, firent leur apparition sur la scène.

Les travaux étaient définitivement arrêtés et la commune, qui malgré de nombreuses mises en demeure n'avait pu en obtenir la reprise, poursuivait en déchéance la société Rémès Labattut et Cie.

Celle-ci actionnait à son tour la ville en payement de sommes considérables (700,000 fr. pour installations de chantier ou travaux déjà faits et un million de dommages-intérêts).

D'autre part, la commune était seule recherchée par les divers propriétaires expropriés en vertu de l'arrêté de monsieur le Gouverneur général en date du 21 septembre 1887.

L'expropriation, on se le rappelle, avait été poursuivie au nom de la commune et la valeur des terrains avait été fixée après expertise à une somme supérieure à 600.000 fr. Sur cette somme de 600.000 francs, 320.000 francs était déjà exigibles en vertu de jugements rendus — pour le reste la commune, se trouvait à découvert d'autant vis-à-vis des autres propriétaires qui pouvaient d'un moment à l'autre exiger d'elle le payement intégral et immédiat des sommes qui leur étaient dues.

La ville s'était bien, de son côté, retournée contre la société Remès, Labattut et Cie, mais les poursuites qu'elle avait engagées n'avaient eu d'autres résultats que d'aboutir à un procès-verbal de carence.

Ainsi donc au mois de mars 1895 notre situation était la suivante :

1° Nous étions aux prises avec un procès redoutable.

Quel pouvait en être le résultat ? Nous ne saurions le dire, mais il est bien certain que nous jouions gros jeu.

2° Nous nous trouvions seuls engagés vis-à-vis des propriétaires expropriés, obligés de payer immédiatement une somme de 320.000 francs, sans préjudice des sommes à venir.

En mettant les choses au mieux, la ville ne se serait jamais tirée d'affaire sans dépenser des sommes considérables — Sans vouloir entrer dans les détails et faire la preuve de ce que j'avance on peut bien dire que le sacrifice probable que nous aurions eu à faire n'aurait pas été inférieur à un million.

Et pendant que nous nous saignions ainsi, il ne pouvait plus être question du Coudiat dont le dérasement se trouvait renvoyé aux calendes grecques.

C'est dans ces circonstances périlleuses et difficiles que surviennent Messieurs Vial, Charton et Cⁱᵉ.

Monsieur Vial me fut présenté par Monsieur Labattut. — Il me dit qu'il avait étudié l'affaire du Coudiat, que l'opération lui paraissait bonne et que lui et sa Société demandaient à la faire aux lieu et place de la Société Rémes-Labattut.

Je répondis textuellement à M. Vial :

« Des Sociétés, on nous en a tellement présenté, que je ne veux plus en entendre parler ni soumettre au Conseil de nouvelles propositions de substitution.

M. Vial me fit remarquer que l'ancienne Société Rémès-Labattut existait, encore, qu'aucun jugement ne l'avait jusque là déclarée déchue et qu'elle était toujours libre de reprendre les travaux.

Je dis à M. Vial que non seulement la Société Rémès était libre de reprendre les travaux, chose que nous n'avions jamais pu obtenir, mais qu'elle était libre aussi de payer les expropriations — que, si elle voulait bien satisfaire à cette double obligation, elle ne ferait que tenir ses engagements.

C'est ce que nous allons faire, me répondit M. Vial. Nous allons reprendre les travaux et verser le montant des expropriations. Il est bien entendu que vous ne nous connaissez pas encore et que vous continuez à avoir devant vous l'ancienne Société Rémès et Cⁱᵉ. Mais si, comme nous en sommes certains, nous parvenons à vous inspirer confiance consentirez-vous à présenter au Conseil Municipal et à l'appuyer, une demande de substitution de Société.

Je répétai à M. Vial que pour le moment je me refusai à faire aucune proposition nonvelle au Conseil Municipal, que je ne connaissais que l'ancienne société et ne voulais connaître qu'elle. Quant à l'avenir, je ne pouvais en rien le préjuger, mais qu'il était à présumer que le Conseil Municipal, si on lui apportait une situation bien liquide, débarrassée de toutes les difficultés pendantes, si on payait les expropriations et si les travaux reprenaient, n'hésiterait probablement pas à se mettre en rapport avec la nouvelle société et à l'accepter à la place de la société Rémès.

La conversation en resta là.

Peu de jours après, les ouvriers reparaissaient sur le Coudiat et les travaux reprenaient sans que la commune fut intervenue en quoi que ce soit dans cette reprise, et tout un matériel nouveau était dirigé chaque jour sur les chantiers.

Plus tard, M. Veillon, notaire me prévenait qu'il avait reçu de MM. Vial, Chartron et Cie, une somme de 320.000 francs destinée à désintéresser les propriétaires expropriés qui avaient obtenu jugement contre la commune.

Il ne fut fait aucune réponse à cette communication.

Enfin, par lettre du 27 juin, MM. Vial, Chartron, Besse et Labattut, s'adressent à la Commune et lui demandent à être substitués, sous la raison sociale Vial, Chartron et Cie, à l'ancienne société Rémès, Labattut et Cie.

C'est de cette époque seulement que date le premier contact de la société Vial, Chartron et Cie avec le Conseil Municipal Jusque là nous ne la connaissions pas.

Dans sa séance du 6 Juillet 1895, le Conseil Municipal après avis de sa Commission du Contentieux, accepta la substitution demandée sous la réserve que les travaux, tels qu'ils étaient prévus dans l'acte de société du 19 novembre 1894, commenceraient au plus tard le 15 septembre 1895. (D'après cette convention la nouvelle Société s'engageait à enlever sur le Coudiat 30.000 mètres cubes de déblais par mois).

La délibération du 6 Juillet fut envoyée à l'approbation Préfectorale, mais Monsieur le Préfet du Département ne crut pas devoir l'approuver sans l'avoir préalablement soumise à Monsieur le Gouverneur général lequel l'envoya à son tour à M. le Ministre de l'Intérieur qui nous la retourna avec toutes les observations qu'elle lui avait paru comporter.

Entr'autres remarques, Monsieur le Ministre de l'Intérieur nous faisait celle-ci : « *Indiquer les ressources que la ville entend affecter au Dérasement du Coudiat*

C'était une *petite formalité* que la ville avait oubliée lors de son premier contral avec M. Rémès.

Cette fois nous étions mis au pied du mur. Il nous fallait bien dire au ministre de quelle manière nous entendions faire face à une dépense de 1,400,000 fr,

Cette somme, nous ne l'avions pas.

Nous pouvions bien, en additionnant nos reliquats d'emprunts, les 350,000 fr. prévus pour payer les expropriations et une partie raisonnable des rabais obtenus sur nos entreprises, réunir 800 et même 900 mille francs, mais pas davantage. Le reste, c'est-à-dire au moins 500,000 francs, nous nous trouvions dans la nécessité de l'emprunter. Or, outre que 500,000 francs de plus ajoutés à notre dette allaient constituer une lourde charge pour le budget communal, il y avait fort à craindre que le Gouvernement n'autorisât pas un nouvel emprunt à un si court intervalle de l'ancien.

Nous nous trouvions donc acculés à une impasse.

C'est alors que nous songeâmes à modifier le contrat primitif et à transformer le dérasement en décapement.

Cette opération, plus simple, avait l'avantage de ménager nos finances, de pouvoir être gagée immédiatement et sans emprunt, et aussi celui, qui n'est certes pas le moindre, de convertir, ainsi que je le ferai ressortir plus loin, une opération essentiellement défectueuse en une œuvre utile et grandiose.

Le moment est venu de défendre notre projet et de répondre aux critiques de M. le Préfet.

Ces critiques peuvent être ramenées à trois chefs principaux :

1° Critiques d'ordre général.
2° Critiques d'ordre financier.
3° Critiques spéciales.

1° Critiques d'ordre général

M. le Préfet commence par nous dire qu'après le rejet du projet Ferrand, il semblait que la ville eut renoncé au dérasement du Coudiat.

« Il n'en est rien, ajoute-t-il : cette affaire se présente aujourd'hui sous de nouvelles faces. »

Plus loin, M. le Préfet nous fait remarquer que les critiques d'ordre général que M. Muller adressait jadis au projet de dérasement pouvaient s'appliquer tout aussi bien au projet du décapement.

La ville nouvelle, dit-il, va imposer à la commune des charges considérables pour l'arrosage, le balayage, l'entretien, des rues et cela sans aucune compensation pour son budget. Un pareil sacrifice se comprendrait si la population de

Constantine augmentait; mais tel n'est pas le cas — Constantine ne progresse plus depuis longtemps.

« La création d'une cité nouvelle aura pour seul effet de vider un peu l'ancienne mais en imposant à la commune l'entretien des rues ».

Monsieur le Préfet sait maintenant à la suite de quelles circonstances la ville s'était trouvée dans la nécessité de renoncer à l'entreprise du Coudiat et de poursuivre la déchéance de la société concessionnaire. — Nous ne reviendrons par sur ce point.

Quant au reste, nous nous permettrons de faire remarquer à M. le Préfet que les critiques qu'il nous adresse, après M. Muller, au sujet de la création de nouveaux quartiers pouvaient être fort biens placées et se justifier au moment du 1er traité avec M. Rémès ; mais actuellement, elles perdent considérablement de leur valeur. — Nous nous trouvons en effet, en présence de faits acquis de responsabilités, engagées, d'un contrat qui nous lie depuis onze ans et dont nous ne sommes pas libres de nous dégager à notre gré.

Au surplus, nous ne voyons par les choses de la même façon que M. le Préfet. *C'est précisément parce que Constantine souffre, qu'il faut tenter de lui donner une impulsion nouvelle.*

Cette impulsion, grâce aux financiers que nous avons en face de nous, nous sommes assurés de la lui imprimer pour peu que l'on veuille nous y aider. Tel que nous l'avons conçu, le décapement est appelé à donner du travail à la plus grande partie de notre population ouvrière pendant de très longues années. Les sommes qu'il absorbera ne seront certainement pas inférieures à 20 millions.

On nous dit que nous allons avoir dans l'avenir à subvenir aux frais d'entretien d'une nouvelle ville.

C'est indiscutable, mais rien ne permet d'affirmer que ces charges ne seront pas compensées par de nouvelles ressources : taxes locatives, concession d'eau, droit de stationnement etc.....

Dans tous les cas, même si cette compensation, sur laquelle nous sommes en droit de compter, ne devait pas se réaliser, les futures charges auxquelles on fait allusion ne seraient pas de nature à nous faire hésiter. — Si l'on examine, en effet, ce que nous coûte actuellement l'entretien de toute la ville et de tous les faubourgs, on voit que les chiffres de M. Müller et de M. le Préfet sont on ne peut plus exagérés et qu'il suffirait de quelques milliers de francs à ajouter annuellement à notre budget pour satisfaire tous les besoins.

Quand il s'agit d'essayer de sortir notre ville du marasme affreux dans lequel elle se débat depuis si longtemps, de pareilles et si infimes considérations ne sauraient nous arrêter.—Nous espérons qu'elles n'arrêteront pas davantage l'administration supérieure, gardienne vigilante des intérêts communaux.

2° Critiques d'ordre financier

Dans notre projet de contrat, nous demandons au Gouvernement de nous autoriser à affecter à l'œuvre du décapement les sommes suivantes :

1° 350,000 francs prévus dans notre emprunt pour faire face aux expropriations et dont nous n'avons plus l'emploi depuis que les expropriations ont été réglées.

2° 115,000 francs, somme disponible sur les 200 et quelques mille francs prévus pour la construction des égouts.

3° La totalité de la somme qui devait être affectée au relèvement de la conduite de Fesguia, soit 225.000.

4° Enfin une somme de 185,000 fr. à prélever sur les 351,000 provenant de rabais obtenus dans nos entreprises.

Soit un total de 875,000. à prélever sur la somme de 1,041,632 que nous avons actuellement au Trésor.

Monsieur le Préfet nous a fait, au sujet des voies et moyens que nous lui proposons, les objections suivantes :

1° Conduite de Fesguia. —La somme de 225,000 ne parait pas pouvoir être désaffectée de sa destination primitive. — La conduite de Fesguia est loin de pouvoir suffire dès maintenant aux besoins de la population à plus forte raison sera-t-elle insuffisante dans l'avenir.

Nous ferons tout d'abord remarquer à M. le Préfet que la saison d'hiver que nous venons de traverser ne saurait être prise comme exemple : elle ressemble singulièrement à une saison d'été. La sécheresse a été absolue pendant plus de six mois et malgré cela nous avons continué à recevoir un minimum de 120 litres d'eau à la seconde et par habitant.

Ce chiffre seul suffit pour donner la preuve que, sous le rapport de l'eau, nous sommes des privilégiés.

S'il est vrai que les prises aient été fermées pendant la nuit et en hiver, c'est là une mesure tout à fait exceptionnelle ; d'ordinaire la fermeture n'a lieu que pendant deux ou trois mois de l'été. Sans le gaspillage énorme qui se produit dans les quartiers indigènes durant les fortes chaleurs, nos prises d'eau pourraient rester toujours ouvertes aussi bien l'hiver que l'été.

D'une façon générale, on peut donc affirmer que l'eau coule largement à

Constantine. C'est au point qu'à l'encontre de tant d'autres villes, nous avons jusqu'ici rejeté l'usage des compteurs.

La somme de 225.000 francs peut donc être distraite sans danger de son affectation première. Si nous l'avions prévue dans notre emprunt avec le Crédit Algérien, ce n'était pas tant pour augmenter notre apport d'eau que pour améliorer notre conduite dont la voûte paraît être, en certains endroits, trop basse, ce qui favorise à la longue les dépôts de substances calcaires et nécessite de fréquentes réparations.

Ces voûtes, nous voulions les relever. Mais cette opération, que nous avons de tout temps assurée avec les simples ressources de notre budget, ne présente aucun caractère d'urgence. Dans tous les cas, elle ne saurait augmenter en aucune façon notre richesse en eau. Si nous voulions relever notre approvisionnement journalier, il nous faudrait construire une seconde conduite parallèle, mais alors des millions seraient nécessaires

2° *Hôtel de Ville.* — Monsieur le Préfet nous dit qu'il ne faut pas songer à faire emploi de quoi que ce soit sur le rabais. Ce rabais qui est de 16 o\o, sera certainement absorbé, sinon dépassé, attendu qu'il y a une foule de travaux qui n'ont pas été prévus au devis, installations de sonneries électriques, du paratonnerre, de l'horloge, du belvédère, acquisition du mobilier, etc.

Nous répondrons à M. le Préfet que toutes ces dépenses ne figurent pas d'ordinaire dans les devis dressés en vue de la construction.

Elles doivent être réservées.

C'est ce que nous avons fait.

Si M. le Préfet veut bien se reporter à notre contrat d'emprunt, il pourra constater que la dépense prévue pour l'hôtel de ville s'élevait à 900.000 francs tandis que les travaux mis en adjudication ne se sont élevés qu'à 800.000 francs nous avons gardé par devers, nous, une réserve de 100.000 francs pour pouvoir faire face, le moment venu, aux dépenses accessoires.

En définitive, il ne resterait plus, d'après M. le Préfet, que les sommes suivantes qui seraient susceptibles d'être affectées au décapement.

1° Solde disponible sur les égouts......................... 115.000 fr.

2° Rabais consentis sur les entreprises, au maximum... 150.000 »

3° Somme prévue pour les expropriations................... 350.000 »

Total....... 615.000 »

Monsieur le Préfet oublie de nous dire de quelle façon nous pourrions nous procurer la différence entre 615.000 et 875.000, soit 160.000 francs.

Serait-ce au moyen d'un emprunt ? Nous avons donné plus haut les raisons qui nous font craindre qu'un nouvel emprunt nous soit actuellement refusé. La règle est, en effet, d'exiger des communes qu'elles mettent au moins un intervalle de deux années entre un emprunt et un autre.

Mais je suppose que cet emprunt nous soit accordé. J'estime que ce serait une opération singulière que de recourir à la bourse d'autrui quand la nôtre est encore pleine Du moment que nous avons de l'argent en caisse, pourquoi nous obliger à imposer à notre budget de nouvelles charges ?

On nous objectera qu'il est téméraire d'escompter d'avance les rabais d'entreprises, que ces rabais pourraient ne pas se réaliser.

Nous répondrons que nous ne faisons emploi que de la moitié environ de ces rabais et qu'il reste toujours à notre disposition une somme de plus de 150.000 francs pour faire face aux dépassements Rien ne dit que cette somme sera forcément absorbée.

Supposons pourtant que cela arrive. Notre budget, dont nous connaissons l'élasticité, sera très certainement en mesure, le moment venu, de faire face à ces dépassements. N'oublions pas, en effet, que sur le chapitre seul des dépenses facultatives (subventions) nous avons à notre disposition des sommes énormes que nous sommes toujours libres de réduire.

Supposons enfin qu'un emprunt devienne nécessaire. Nous aviserons à ce dernier moyen lorsque la nécessité s'en fera sentir.

Mais, vouloir dès maintenant demander que nous augmentions notre chiffre de dette, alors que nous avons de l'argent en caisse, ce serait là une opération qui ne se comprendrait pas.

3° Critiques spéciales

1° TRAVAUX DE VIABILITÉ

M. LE PRÉFET DEMANDE QU'ON EN ÉVALUE LA DÉPENSE

Les dépenses concernant la viabilité des futurs quartiers n'ont pas été prévues dans notre nouveau contrat, pas plus du reste qu'elles ne l'avaient été dans le contrat de 1885 avec M. Rémès.

Pourquoi l'aurions-nous fait ?

Les travaux de viabilité ne pourront pas être entrepris avant 7 ou 8 ans. La ville ne sera, en effet, tenue de commencer les dits travaux qu'au fur et à mesure de l'édification des immeubles. Notre nouveau traité sur ce point modifie à notre avantage l'ancien traité

Rémès qui pouvait prêter à discussion.

Voudrait-on, ici encore, nous obliger à emprunter les sommes nécessaires pour assurer dès maintenant la viabilité du Coudiat ? Nous ne le pensons pas. Les travaux de viabilité, lorsqu'ils commenceront, ne se feront que peu à peu. La nouvelle ville n'est pas appelée, en effet, à sortir de terre en un seul jour. Ils dureront de longues années et pourront par conséquent être assurés avec les ressources habituelles du budget.

S'il devenait nécessaire d'augmenter les ressources actuelles d'entretien on pourrait le faire très aisément. Nous allons en effet, lorsque nos groupes scolaires et notre Hôtel de Ville seront édifiés, c'est-à-dire dans 3 ou 4 ans, nous trouver à la tête d'économies nouvelles et certaines se chiffreront par plus de 50,000 francs par an. Une partie de cette somme pourra être employée soit à élever les crédits de nos travaux neufs, soit à gager un emprunt nouveau, si un emprunt devenait nécessaire.

Nous sommes donc certains d'être en mesure de faire face à toutes les éventualités qui pourront se produire et l'on ne comprendrait pas que l'on persistât à vouloir nous imposer une charge nouvelle alors que, cette charge, nous pourrons certainement l'éviter. Dans tous les cas je répéterai ici ce que je dis plus haut : *Faisons d'abord emploi de ce que nous avons et né recourons pas à de nouveaux emprunts, tant que de nouveaux besoins ne se feront les sentir.*

2' Quelles seront pas superficies du Coudiat décapé et des plates-formes ?

La superficie du Coudiat ne saurait varier, elle reste ce qu'elle était dans le traité Rémès. La seule différence qu'il y ait, c'est que la nouvelle société fait abandon gratuit à la ville de 25.000 mètres carrés de terrain. Dans le premier contrat la superficie des rues était de 13.400 mètres. 12.000 mètres seulement devaient être abandonnés gratuitement à la ville.

Les 1400 cents autres mètres devaient être payés par celle-ci au prix du cours (délibération du Conseil Municipal du 27 octobre 1887).

Quant à la superficie des plates-formes, je ne voit pas bien pourquoi on la demanderait aux entrepreneurs.

Les remblais se font sur des terrains qui leur appartiennent et dont il sont libres en dehors de l'obligation qu'on leur impose de construire un village arabe, et disposer comme ils l'entendent.

Si, dans l'origine des dessins ont dû être fournis au Génie, c'est parce qu'on se trouvait dans la zone des services militaires. Les approbations du

Génie sont depuis longtemps acquises : on ne saurait exiger autre chose.

3° Halle aux grains. — Décapement. — On demande que la société fournisse dès maintenant les plans d'exécution.

Il semble difficile que l'on puisse exiger la production de ces plans avant de savoir si l'opération elle-même sera ou non approuvée par les pouvoirs publics.

Dans toutes les opérations de ce genre, les plans ne sont fournis qu'après que toutes les autres autorisations ont été obtenues. Ainsi, par exemple, lorsque l'Etat ou les départements concèdent une ligne de chemin de fer, les concessionnaires n'ont à produire qu'un plan d'ensemble et un profil en long de la ligne. Les dessins définitifs ne sont fournis qu'après que la concession est définitivement acquise.

Lorsque la nouvelle société du Coudiat se trouvera en possession de son contrat, elle produira à la commission consultative des travaux communaux tous les plans que celle-ci croira devoir lui demander.

4. M. le Préfet nous demande si tous les terrains provenant du domaine ou du Génie seront oui ou non compris dans le périmètre des travaux à exécuter.

Tous ces terrains se trouvent dans ledit périmètre.

5· Les matériaux du Coudiat qui sont la [pro
priété de la société, ne pourront être utili
sés par celle-ci qu'autant qu'ils auront ét
reconnus de bonne qualité par le service d
la voirie.

Utilisés ? De quelle façon ?

Du moment que ces matériaux son
la propriété de la Société, elle peut le
utiliser comme bon lui semblera.

Dans notre ancien traité, la commun
s'était engagée à reprendre à la sociét
tous les matériaux provenant du Cou
diat et reconnus de bonne qualité. I
s'agissait là pour elle d'une charge qu
pouvait être évaluée à 300.000 francs a
bas mot. Dans le contract actuel cett
charge n'existe plus. La ville autoris
seulement ses entrepreneurs à faire usa
ge de ces matériaux sur leurs chantier
à la condition qu'ils soient reconnu d
bonne qualité par le service de la voirie

6° L'arrêté préfectoral du 18 mai 188
avait homologué les plans d'alignemen
et de nivellement des nouveaux quar
tiers. On nous demande de faire homo
loguer les nouveaux plans.

Nous ne comprenons pas bien cett
observation. L'arrêté du 18 mai 188
avait en effet homologué les plans d'ali
gnements prévus à l'ancien traité, qu
M. le Préfet actuel approuve à son tou
le contrat nouveau avec les plans qu

nous lui soumettons, et l'homologation des futurs alignements et nivellements deviendra un fait acquis.

7° *En cas de déconfiture de la Société, la garantie des 215me des travaux faits ne parait pas suffisante, on exige un cautionnement évalué au 30me au montant de l'entreprise.*

S'il ne s'agissait que de verser le cautionnement qui s'élèverait à peine à la somme de 30.000 francs, nous sommes bien certains que la nouvelle société ne ferait aucune difficulté à se soumettre à cette obligation. J'en ai entretenu M. Vial qui tient si nous l'exigeons la somme à notre disposition. Toutefois nous nous permettons de faire observer que ce n'est-là qu'une garantie absolument illusoire, qu'il serait peut-être équitable de ne pas imposer à une société qui vient de donner des preuves si palpables de sa solidité.

8° A propos de l'enregistrement du contrat on semble croire que le droit fixe ne sera pas admis. En cas de difficultés sur ce point, on nous demande à qui incomberont les nouvaux fruits.

Il est dit tout au long dont l'art. 19 de notre projet, que tous les frais qui pourront résulter du dit contrat sont à la charge de la nouvelle société.

9° M. le Préfet se demande quelle serait la situation de la commune dans le cas où notre nouvelle convention ne serait pas approuvée. Il semble croire qu'il aurait été plus prudent de ne permettre l'exécution des travaux qu'après les autorisation réglementaires.

De quelles autorisations et de quels travaux veut-on nous parler? Monsieur le Préfet nous parait confondre ici deux choses absolument distinctes: le décapement et le dérasement.

Le décapement est une opération nouvelle pour laquelle nous avons en effet de nouvelles autorisations à demander. Mais pour le dérasement, toutes les autorisations existent depuis longtemps.

Un contrat lie la commune et la société concessionnaire. Tant que celle-ci ne sera pas déchue, elle sera libre de faire exécuter sur le Coudiat tous les travaux qu'elle voudra, pourvu que ces travaux soient conformes à son traité. C'est en vertu de ce droit, qu'on ne pouvait lui contester, que M. Labattut et ses nouveaux associés ont ordonné la réouverture des chantiers ; la commune n'a pas eu à intervenir.

Quand à la société du décapement, nous n'avons pas à la connaître, tant qu'elle n'aura pas été reconnue elle même elle même par les pouvoirs publics. Cette société le sait bien ; elle ne réclame rien ; elle se contente d'attendre de vous son acte de légitimation.

Les craintes de M. le Préfet ne sont donc pas justifiées.

10° Monsieur le Préfet voudrait que l'on reservât sur le Coudiat. 1° 5000 mètres pour le département 2° d'autres remplacements pour la ville en choses et ceux prévus pour les rues et places.

Pour peu que l'on se montre encore xigent, on finira par ne plus rien laisser à la société.

Le décret impérial de concession en date du 6 avril 1864, signale dans son article 7 la réserve suivante ;

ART. 7. — « La Commune de Cons-
« tantine abandonne gratuitement au
« Département, sur la superficie concé-
« dée, une étendue de 5,000 mètres de
« terrain dont l'emplacement sera dé-
« terminé d'un commun accord aussitôt
« que la place d'alignement et de la
« nouvelle ville aura été approuvé, sauf
« *remboursement par le Département de*
« *la dépense de nivellement afférente à*
« *ces 5.000 mètres, si nivellement a été*
« *effectué.*

« En cas de difficulté, cet emplace-
« sera déterminé par le Gouverneur Gé-
« néral de l'Algérie, sur les observations

« respectives du département et de la
« commune. »

Cette question n'a jamais été vidée.

La commune a demandé la remise gracieuse de cette obligation.

Le conseil général s'est occupé à deux reprises différentes de l'affaire.

Aucun arrangement n'est encore intervenu.

Les 5,000 mètres dont il est question ne sont pas mentionnés au contrat Rémès. Si donc des difficultés devaient se produire il appartiendrait exclusivement à la commune, qui aurait négligé de faire de suffisantes réserves, de s'entendre avec le département.

La Société concessionnaire n'a rien à voir là-dedans.

11° M. le Préfet nous demande le désistement de M. Ferrand.

Cette demande nous surprend d'autant plus que M. le Préfet n'ignore pas que le Contrat Ferrand a été rejeté par les pouvoirs publics. Le Conseil municipal a eu l'occasion de dire ce qu'il convenait de penser de cette singulière intervention de M. Ferrand. Je n'y reviendrai pas.

12° Monsieur le Préfet nous annonce qu'il va faire procéder à une enquête de commodo et incommodo.

Nous n'y voyons pour notre part aucun inconvénient.

Nous ferons seulement remarquer, pour répondre à certaines critiques, que cette enquête, M. le Préfet, avait seul mission de la prescrire et qu'il ne pouvait pas le faire avant d'avoir été saisi du dossier. Ce dossier ne nous a été remis par M. Vial, qui, au moment de la discussion de son traité, c'est-à-dire il y a environ deux mois. Il est depuis lors dans les bureaux de la Préfecture.

Telles sont, messieurs, les réponses que j'ai cru devoir faire aux observations de M. le Préfet.

Je m'étais promis, et je crois avoir tenu ma promessr, de ne rien dire qui pu ressembler à une récrimination.

Je ne puis pourtant m'empêcher de remarquer que dans une affaire de cette importance, affaire qu'il aurait fallu prendre de très haut, on s'est peut-être un peu trop attardé, selon moi, aux questions secondaires et aux subtilités des détails.

On a examiné notre projet à la loupe et le scapel en mains on l'a disséqué jusque dans ses fibres.

Que résultera-t-il du minutieux travail auquel on vient de se livrer ? Nous souhaitons qu'il n'en puisse résulter que du bien pour notre ville, mais nous craignons fort que nos souhaits ne soient pas exaucés.

Les passions sont de nouveau déchaînées autour de la question Coudiat. Les uns discutent décapement, les autres dérasement et, chose extraordinaire, bien que l'affaire soit déjà vieille de plusieurs années, ceux de nos concitoyens qui la connaissent ne constituent encore à l'heure actuelle qu'une très infime minorité.

Une enquête va être ouverte, qui va permettre à la population de se prononcer.

Notre devoir est de dire les premiers notre opinion et de la dire tout entière.

Jusqu'ici, pour des raisons de haute convenance, je m'étais toujours abstenu, malgré les multiples occasions qui s'étaient offertes à moi, de critiquer l'œuvre du dérasement.

Aujourd'hui je m'adresse à tous nos concitoyens et je leur dis : — Savez-vous bien en quoi consiste le dérasement ? Savez-vous qu'il s'agit d'édifier, masquée derrière la halle aux grains, une ville défectueuse, dont chaque rue aura une pente supérieure de un centimètre à celle de la rue Nationale ?

Savez-vous que le dérasement ne comprend pas tout le Coudiat ? Qu'il va falloir respecter tous les terrains appartenant aux propriétaires de la rue

Rohault-de-Fleury ; que ces terrains, il faudra les soutenir tout le long par un mur énorme qui aura en certains endroits une hauteur de 17 mètres; ce qui, au point de vue artistique, sera certainement *merveilleux* ? Savez-vous que les propriétaires que l'on aura ainsi suspendus dans les airs pourront avoir des recours graves à exercer contre la commune ?

Savez-vous que rien ne dit dans le contrat à qui incombera le soin de construire le mur de soutènement en question et que c'est probablement la commune qui sera chargée de faire face à cette onéreuse dépense ?

Savez-vous surtout en quoi consiste la plate-forme Sud ? Assurément non, vous ne le savez pas, sinon vous auriez déjà protesté.

Cette plate-forme, qui se dirige de la Porte Djebia vers la pointe Sidi-Rached, doit dominer la ville arabe d'une hauteur de 14 mètres sur une longueur de 50 mètres. C'est-à-dire qu'on ne verra plus de la promenade de Sétif, ni notre rocher de Constantine, ni la plus grande partie de notre quartier indigène. C'est tout le cachet d'une ville extraordinairement pittoresque qui disparaît. C'est une véritable profanation.

Si vous savez tout cela, Constantinois, et que vous persistiez à demander le dérasement, vous êtes libres — il ne nous restera qu'à nous incliner devant votre décision suprême.

A côté de cette opération désastreuse qui coûtera plus d'un million et demi, nous vous en soumettons une autre :

Au lieu d'une ville masquée, et sans grâce, édifiée sur un terrain dont la pente sera de six centimètres par mètre, nous construirons un faubourg sur un plateau magnifique. L'accès de ce plataau sera assuré au moyen de travaux d'art remarquables. Un boulevard de ceinture, rappelant en petit, le boulevard de la République à Alger, entourera toute la montagne, ce qui sera d'un magnifique et pittoresque effet.

Quant à la plate-forme sud, elle respecte complètement la ville. Son niveau se trouvera sensiblement à la hauteur du niveau actuel.

Ainsi donc, bien loin que nous touchions au cachet de notre ville, nous lui en ajoutons un nouveau et qui ne sera certes pas le moindre.

Enfin, comme sacrifice à faire, non seulement nous ne nous imposions pas de charges nouvelles, mais nous réalisions par rapport à notre premier contrat, une économie de plus de 500.000 francs,

C'est de cette façon que la question se

pose devant le public. Le public appréciera.

Quant à nous, mes chers collègues, nous pouvons continuer à revendiquer hautement la responsabilité de nos actes. Mais il me reste, à moi, un dernier devoir à rempli. Dans une affaire d'une si haute importance pour l'avenir de notre ville, qui vient de réveiller les pires passions, il est indispensable que l'enquête de commodo et incommodo puisse se poursuivre en dehors de toute espèce de préoccupation d'ordre politique.

C'est pourquoi je vais avoir l'honneur, au sortir de cette séance, de remettre à M. le Préfet, ma démission de maire de Constantine.

M. Gachon a la parole :

En présence de l'attitude de l'autorité supérieure, je déclare que j'approuve entièrement la décision de M. le Maire.

Sans entrer dans l'énumération des différentes sociétés qui se sont succédé dans l'entreprise du Coudiat, on sera obligé de nous rendre cette justice, c'est que nous avons tout fait pour arriver à la réalisation d'un contrat que nous étions obligés de subir. Depuis 1892, date à laquelle nous avons été élus, nous avons eu à cœur d'arriver à une solution pratique.

Faut-il vous énumérer toutes les réunions du Conseil Municipal où cette question si importante du Coudiat a été agitée, commentée, discutée? Ai-je besoin de vous rappeler tous les voyages à Alger, à Paris, toutes les démarches auprès des autorités supérieures accomplis par M. le Maire? Tout cela est présent à votre mémoire.

Malgré cela, chaque fois que nous avons cru toucher au but, nous avons été arrêtés par des objections plus ou moins systématiques.

Aujourd'hui qu'arrive-t-il ? Par un rare bonheur nous sommes enfin en présence d'une Société qui a donné des preuves indiscutables de sa solvabilité ; le montant des expropriations est versé entre les mains d'un notaire ; les travaux reprennent avec une vigueur jusqu'ici inconnue ; un matériel considérable se trouve dans les chantiers.

Il nous semblait que dans ces conditions l'horizon s'était définitivement éclairci et que, par une modification du projet primitif, modification qui était des plus avantageuses pour la ville, nous pourrions enfin régler cette importante question des expropriations — dont le paiement incombe à la commune, à défaut par les précédentes Sociétés de l'avoir effectué — et n'avoir à verser à la nouvelle Société qu'une indemnité de 875,000 francs au lieu de celle 1,350,000 francs prévu au projet du dérasement.

Nous nous heurtons encore à des difficultés soulevées par M. le Préfet dans la lettre dont il vient de vous être donné connaissance ; — Or, en présence d'un contrat aussi avantageux pour la ville, les observations de M. le Préfet me paraissent absolument secondaires ; elles auraient dû, ce me semble disparaître en regard des avantages considérables de notre nouveau projet.

N'ayant pas la compétence suffisante pour répondre à tous les arguments de M. le Préfet, je m'en rapporte entièrement aux réponses de M. le Maire.

Pourtant, à la lecture qui vient d'être faite, j'ai été frappé par quelques considérations que M. le Préfet a cru devoir exposer et je vais répondre brièvement sur les points qui m'ont particulièrement frappé.

1° L'entretien des rues et places du Coudiat coûtera à la ville plus de 100,000 francs, affirme M. le Préfet.

Voilà une exagération singulière ; en effet on n'a qu'à prendre le budget et l'on verra que l'entretien des places et rues de Constantine y compris les faubourgs s'élève à la somme de 40 à 45,000 francs,

Après une pareille constatation, cette objection tombe d'elle même.

2° M. le Préfet voudrait en second lieu obliger la ville à prévoir une clause pénale à son encontre dans le cas où le nouveau projet n'aboutirait pas.

La ville est une mineure qui est sous la tutelle administrative du Préfet. Elle obtient un contrat très avantageux, la nouvelle société du Coudiat devra, en cas d'inexécution de ce contrat, subir des pertes considérables, évaluées aux $2/15^{mes}$ des travaux. On voudrait nous obliger à prévoir une indemnité considérable en faveur de la société dans le cas où le contrat ne serait pas approuvé!

Mais, Monsieur le Préfet, si le contrat n'est pas approuvé nous n'avons rien à donner !

Nous revenons au point où nous en étions avec M. Rémès.

Voilà un tuteur qui a une singulière façon de comprendre la tutelle !

Il voudrait exiger que sa pupille donnat à ses co-contractants des verges pour la faire battre !

3° Vous devez, nous dit encore M. le Préfet, exiger le désistement de M. Ferrand.

Ici c'est une question de droit qui est pourtant bien limpide.

La Municipalité a traité avec M. Ferrand ; mais chaque partie devait reprendre sa liberté d'action dans le cas où le traité ne serait pas approuvé; la condition suspensive s'étant réalisée, il n'y a plus aucun lien de droit entre M. Ferrand et la Commune.

Telle est l'attitude que la Municipalité a toujours prise à l'égard de M. Ferrand.

Et nous irions aujourd'hui demander à ce dernier un désistement ; mais par là même. nous lui reconnaîtrions des droits et nous ne serions plus logiques avec nous-mêmes. Une simple démarche dans ce sens nous exposerait à un procès et à des dommages-intérêts.

Donc l'invitation de M. le Préfet à exiger un acte quelconque de cet entrepreneur, me paraît absolument dangereuse et je suis persuadé que, dans l'intérêt de nos finances, nous n'avons qu'à garder la ligne de conduite que nous avons suivie jusqu'à ce jour.

4° J'arrive au dernier reproche de M. le Préfet : Vous avez, dit-il à M. le Maire, été imprudent en autorisant la reprise des travaux,

Véritablement, je ne comprends plus.

Il y a un point sur lequel, adversaires et partisans de la Municipalité actuelle, sont complètement d'accord; c'est l'ouverture des chantiers pour permettre à la population ouvrière de vivre en travaillant.

On autorise la reprise des travaux qui s'appliquent tout aussi bien au dérasement qu'au décapement du Coudiat-Aty et l'on nous blâme !!!

Faut-il, Messieurs, insister davantage et n'avais-je pas raison de dire que nous nous trouvons en présence d'objections systématiques ou tout au moins mal fondées.

Mais je ne veux pas terminer sans répondre à un dernier reproche qui nous a été fait, non par M. le Préfet, mais par certains journaux de la localité.

La municipalité a voté le projet du décapement à la légère, dans l'espace d'une demi-heure, disent certaines feuilles.

Je proteste énergiquement contre une pareille assertion. Nous savons tous ici qu'avant d'adopter définitivement le nouveau projet, toutes les commissions ont été réunies et consultées à différentes reprises.

Nous savons tous que pendant trois longues séances officieuses, nous avons discuté le nouveau traité, article par article, souvent même phrase par phrase; que ce n'est qu'après ce long travail préparatoire que le traité a été officiellement voté.

Dans ces conditions, je déclare encore une fois que je me range entièrement à l'avis et à la décision de M. le Maire.

Je me fais un devoir de reconnaître et de proclamer tout le dévouement, toute la sollicitude qu'il a apportés aux intérêts de la cité ; il a le droit d'être fier des résultats qu'il a obtenus ; si ces résultats ne devaient pas être aussi complets qu'il l'aurait désiré, vous en connaissez maintenant la cause.

Quant à nous, nous avons conscience d'avoir fait notre devoir.

Le public appréciera nos actes ; nous attendons avec confiance son verdict.

———

M. Picot, d'une voix émue, au milieu du silence général, délare qu'il est du devoir de tous les Conseillers Municipaux de se solidariser avec le Maire et de le suivre dans sa retraite. C'est une question de principe et de dignité.

Il s'associe pleinement aux critiques si mesurées et si fondées présentées par M. Gachon. S'il a un regret, c'est que M. le Maire n'ait pas cru prévenir le Conseil de sa décision grave car il y aurait eu encore bien des critiques à ajouter à celles formulées par M. le Maire et par M. Gachon.

Les Conseillers municipaux décident à l'unanimité qu'ils remettront leur démission à l'issue de la séance.

Lettre de Démission

des Conseillers municipaux

à Monsieur le Maire de Constantine

———

Monsieur le Maire,

Nous soussignés, Conseillers municipaux de la ville de Constantine, avons l'honneur de vous adresser notre démission en vous priant de vouloir bien la transmettre à M. le Préfet.

Cette décision nous est dictée par l'attitude de l'autorité supérieure dans la question du Coudiat-Aty.

En effet, depuis 1892, date à laquelle nous avons été élus, nous avons fait tous nos efforts pour essayer d'améliorer et de faire aboutir un contrat que nous étions obligés de subir.

Sans entrer dans l'énumération de tous les incidents qui ont marqué une période particulièrement laborieuse, le Conseil municipal a l'intime conviction d'avoir fait son devoir, pris à cœur les intérêts de la population de Constantine et du budget de la ville.

Or, chaque fois que nous avons essayé d'arriver à un but pratique, nous nous sommes heurtés à des objections qui sont de nature absolument secondaires en présence du contrat avantageux que nous avons présenté.

Dans ces conditions, nous déclarons n'avoir qu'à approuver entièrement et sans réserves vos réponses aux objections de M. le Préfet, et à vous suivre, Monsieur le Maire, dans la décision que vous avez prise.

Veuillez agréer, Monsieur le Maire,

l'assurance de notre complet dévouement et de notre sympathie.

Signé :

MM. Picot. — Lavie. — Lahiteau. — Lafforet. — Panis. — Lavedan. — Ben Aïssa. — Beaumont. — Fouquet. — Lévy. — Famelart. — Stora. — Manès. — Queyrel. Vigliano. — Bachtarzi. — Gachon.

CONSTANTINE

Imprimerie à Vapeur de l'*Indépendant*

1896